When I Am Gloomy
Когда мне грустно

Sam Sagolski
Illustrated by Daria Smyslova

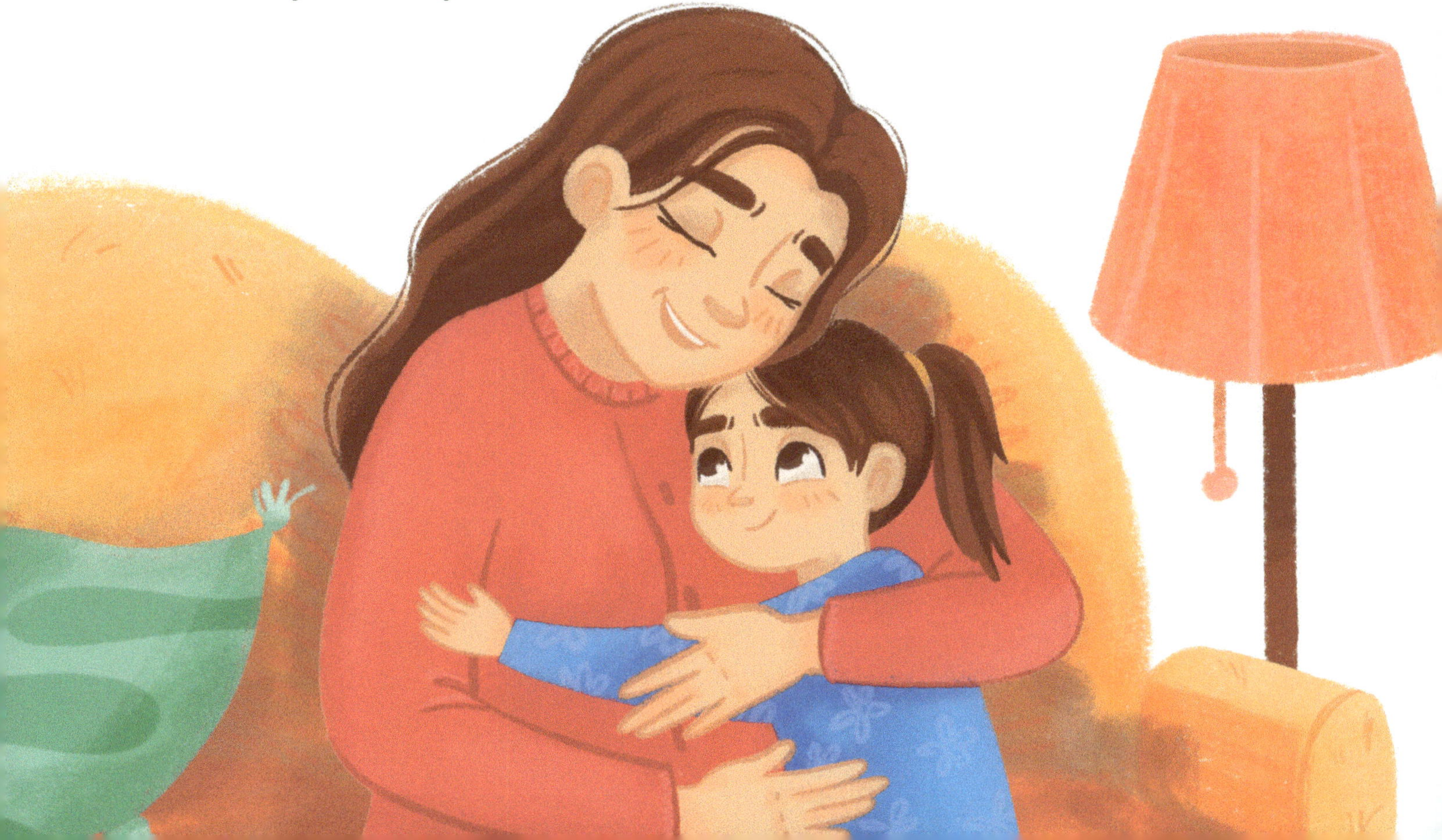

www.kidkiddos.com
Copyright ©2025 by KidKiddos Books Ltd.
support@kidkiddos.com

All rights reserved. No part of this book may be reproduced in any form or by any electronic or mechanical means, including information storage and retrieval systems, without written permission from the publisher, except in the case of a reviewer, who may quote brief passages embodied in critical articles or in a review.
First edition, 2025

Translated from English by Aleksandra Mykhailichenko
Александра Михайличенко Aleksandra Mykhailichenko

Library and Archives Canada Cataloguing in Publication
When I Am Gloomy (English Russian Bilingual edition)/Shelley Admont
ISBN: 978-1-0497-0773-0 paperback
ISBN: 978-1-0497-0774-7 hardcover
ISBN: 978-1-0497-0775-4 eBook

Please note that the English and Russian versions of the story have been written to be as close as possible. However, in some cases they differ in order to accommodate nuances and fluidity of each language.

One cloudy morning, I woke up feeling gloomy.
Однажды пасмурным утром я проснулась грустной.

I got out of bed, wrapped myself in my favorite blanket, and walked into the living room.
Я встала с постели, укуталась в своё любимое одеяльце и пошла в гостиную.

"Mommy!" I called. "I'm in a bad mood."
— Мамочка! — позвала я. — У меня плохое настроение.

Mom looked up from her book. "Bad? Why do you say that, darling?" she asked.
Мама подняла глаза от книги:
— Почему, дорогая? Что случилось?

"Look at my face!" I said, pointing to my furrowed brows. Mom smiled gently.
— Посмотри на меня, — сказала я, показывая на нахмуренные брови.
Мама мягко улыбнулась.

"I don't have a happy face today," I mumbled. "Do you still love me when I'm gloomy?"
— Сегодня я в плохом настроении, — пробормотала я. — Ты всё равно меня любишь, когда мне грустно?

"Of course I do," Mom said. "When you're gloomy, I want to be close to you, give you a big hug, and cheer you up."

— Конечно, люблю, — ответила мама. — Когда ты грустишь, я хочу быть рядом с тобой, крепко обнять тебя и развеселить.

That made me feel a little better, but only for a second, because then I started thinking about all my other moods.

Это немного подняло мне настроение, но только на секунду, потому что потом я начала размышлять обо всех своих других настроениях.

"So... do you still love me when I'm angry?"
— А ты любишь меня, даже когда я злюсь? — спросила я.

Mom smiled again. "Of course I do!"
Мама снова улыбнулась:
— Конечно, люблю.

"Are you sure?" I asked, crossing my arms.
— Честно? — спросила я, скрестив руки на груди.

"Even when you're mad, I'm still your mom. And I love you just the same."

— *Даже когда ты сердишься, я ведь твоя мама и всё так же тебя люблю.*

I took a big breath. "What about when I'm shy?" I whispered.

Я глубоко вздохнула. — А когда я стесняюсь? — тихо спросила я.

"I love you when you're shy too," she said. "Remember when you hid behind me and didn't want to talk to the new neighbor?"

— Конечно, милая, я люблю тебя и тогда, — ответила мама. — Помнишь, как ты пряталась за мной и боялась заговорить с новым соседом?

I nodded. I remembered it well.

Я кивнула. Это я хорошо запомнила.

"And then you said hello and made a new friend. I was so proud of you."

— А потом ты всё-таки сказала «привет» и у тебя появился новый друг. Я так гордилась тобой.

"Do you still love me when I ask too many questions?" I continued.

— А когда я задаю слишком много вопросов, ты всё так же меня любишь? — не унималась я.

"When you ask a lot of questions, like now, I get to watch you learn new things that make you smarter and stronger every day," Mom answered. "And yes, I still love you."

— Когда ты спрашиваешь и узнаёшь новое, я вижу, как ты растёшь, становишься умнее и взрослее с каждым днём, — улыбнулась мама. — И, конечно, я всё так же тебя люблю.

"What if I don't feel like talking at all?" I continued asking.
— А если мне совсем не хочется говорить? — спросила я.

"Come here," she said. I climbed into her lap and rested my head on her shoulder.
— Иди ко мне, — позвала мама.
Я села к ней на колени и положила голову на плечо.

"When you don't feel like talking and just want to be quiet, you start using your imagination. I love seeing what you create," Mom answered.

— Когда тебе не хочется говорить и ты просто хочешь побыть одна, твоя фантазия оживает. И я обожаю наблюдать за тем, что ты придумываешь.

Then she whispered in my ear, "I love you when you're quiet too."

Потом мама прошептала мне на ухо:
— Я люблю тебя, милая, и тогда, когда ты тихая.

"But do you still love me when I'm afraid?" I asked.
— А если я чего-то боюсь, ты всё равно меня любишь? — спросила я.

"Always," said Mom. "When you're scared, I help you check that there are no monsters under the bed or in the closet."
— Конечно, — ответила мама. — Даже когда ты боишься, мы вместе проверяем под кроватью и в шкафу, чтобы убедиться, что монстров нет.

She kissed me on the forehead.
"You are so brave, my sweetheart."
Она поцеловала меня в лоб:
— Ты очень смелая, моя дорогая.

"And when you're tired," she added softly, "I cover you with your blanket, bring you your teddy bear, and sing you our special song."

— А когда ты ложишься отдыхать, — добавила она тихо, — я накрываю тебя одеялом, приношу твоего медвежонка и пою нашу любимую песенку.

"What if I have too much energy?" I asked, jumping to my feet.

— А если у меня слишком много энергии? — спросила я, вскочив на ноги.

She laughed. "When you're full of energy, we go biking, skip rope, or run around outside together. I love doing all those things with you!"

Мама рассмеялась:

— Когда ты полна энергии, мы катаемся на велосипедах, прыгаем через скакалку или гоняемся друг за другом на улице, и мне всё это очень нравится делать вместе с тобой!

"But do you love me when I don't want to eat broccoli?" I stuck out my tongue.

— *А ты любишь меня, когда я не хочу есть брокколи?* — *я показала язык.*

Mom chuckled. "Like that time you slipped your broccoli to Max? He liked it a lot."

Мама усмехнулась.
— Как тогда, когда ты подкинула свою брокколи Максу? Ему она очень понравилась.

"You saw that?" I asked.
— *Ты это видела?* — *удивилась я.*

"Of course I did. And I still love you, even then."
— *Конечно видела. Но я всё равно тебя люблю.*

I thought for a moment, then asked one last question:
Я задумалась на мгновение и задала последний вопрос:

"Mommy, if you love me when I'm gloomy or mad... do you still love me when I'm happy?"
— Мамочка, если ты любишь меня, когда я грустная или злюсь... ты любишь меня и тогда, когда я счастливая?

"Oh, sweetheart," she said, hugging me again, "when you're happy, I'm happy too."
— О, моя милая, — сказала она, снова обнимая меня, — когда ты счастлива, я счастлива тоже.

She kissed me on the forehead and added, "I love you when you're happy just as much as I love you when you're sad, or mad, or shy, or tired."
Она поцеловала меня в лоб и добавила:
— Я люблю тебя, когда ты счастлива, так же сильно, как и тогда, когда ты грустишь, сердишься, смущаешься или устала.

I snuggled close and smiled. "So... you love me all the time?" I asked.

Я прижалась к ней и улыбнулась:
— Значит, ты любишь меня всегда?

"All the time," she said. "Every mood, every day, I love you always."

— Всегда, — ответила мама. — С любым настроением и каждый день. Я сильно-сильно тебя люблю.

As she spoke, I started feeling something warm in my heart.
— *Когда она это говорила, я почувствовала, как в моём сердце стало тепло.*

I looked outside and saw the clouds floating away. The sky was turning blue, and the sun came out.
Я посмотрела в окно и увидела, как облака медленно уплывают. Выглянуло солнце, и небо стало голубым.

It looked like it was going to be a beautiful day after all.
Похоже, что день всё-таки будет чудесным.

www.ingramcontent.com/pod-product-compliance
Lightning Source LLC
LaVergne TN
LVHW072109060526
838200LV00061B/4839